Réception des Capitaines

Baratier et Gouraud

AU COLLÈGE STANISLAS

18 JUIN

2 JUILLET 1899

RÉCEPTION DES CAPITAINES

BARATIER ET GOURAUD

AU COLLÈGE STANISLAS

IL A ÉTÉ TIRÉ

50 exemplaires sur papier des manufactures impériales du Japon, numérotés de 1 à 50.

950 exemplaires sur papier vélin des papeteries du Marais.

———

Les dessins sont l'œuvre de M. Auguste RAYNAUD, professeur au Collège Stanislas. Au nom des souscripteurs, nous offrons à M. Raynaud l'expression de notre vive reconnaissance.

AUX CAPITAINES

BARATIER ET GOURAUD

SOUVENIR DE LEUR RÉCEPTION

AU COLLÈGE STANISLAS

PAR LEURS ANCIENS CAMARADES

LES 18 JUIN ET 2 JUILLET 1899

PARIS

IMPRIMERIE DE D. DUMOULIN ET FILS

5, RUE DES GRANDS-AUGUSTINS, 5

1900

PATRIE

BANQUET DU 18 JUIN 1899

NOTICE

Le dimanche 18 juin 1899, un banquet tout amical réunissait plus de deux cent cinquante anciens élèves et un certain nombre de professeurs de Stanislas dans la salle des fêtes du collège.

Cette fête de famille avait lieu en l'honneur du capitaine *Baratier* et du capitaine *Gouraud*.

Nous avions appris avec émotion et avec fierté les exploits accomplis par nos deux camarades sur la terre d'Afrique ; et, à l'occasion de leur retour en France, nous étions heureux de leur témoigner notre sympathie et notre affectueuse admiration.

Pour répondre à ces sentiments, le Comité de l'Association amicale avait pris l'initiative de l'organisation d'un banquet auquel il avait convié les anciens élèves et les professeurs du collège Stanislas.

Il avait annoncé en même temps qu'une partie de la cotisation versée par les adhérents serait employée à l'achat d'un Souvenir qui devait être offert aux deux jeunes héros.

Cette double proposition avait été accueillie avec empressement et avec joie. De tous les coins de la France étaient arrivées des lettres d'adhésion, remerciant et félicitant le Comité de son initiative. Un grand nombre de camarades, ne pouvant pas assister au banquet, avaient tenu à envoyer du moins leur souscription pour s'associer à l'achat du Souvenir.

2

Le banquet eut donc lieu le 18 juin, et ceux qui y ont pris part conserveront toujours le souvenir de cette belle fête, où un même sentiment d'émotion patriotique faisait battre tous les cœurs.

Le banquet était présidé par M. Albert Thiéblin, avocat à la Cour d'appel, membre du Conseil de l'ordre, président de l'Association amicale des anciens élèves.

Le capitaine Baratier, appelé par le commandant Marchand, qui tenait à l'avoir auprès de lui à la réception organisée par ses compatriotes de Thoissey, a eu le regret de ne pas pouvoir se rendre à l'invitation de ses camarades. Son père, M. l'Intendant général Baratier a bien voulu se faire l'interprète de ses sentiments.

M. Albert Thiéblin avait à sa droite M. Baratier, et à sa gauche le capitaine Gouraud. A leurs côtés avaient pris place M. l'abbé Prudham, directeur du collège et M. le docteur Gouraud, père du jeune vainqueur de Samory.

Au dessert, M. Thiéblin a porté un toast au capitaine Baratier et au capitaine Gouraud, et leur a remis au nom de tous les souscripteurs, présents et absents, une réduction du *Courage militaire* de Paul Dubois.

A son tour, M. le Directeur du collège a salué les deux glorieux enfants de Stanislas.

Puis, M. Lorber, professeur à Stanislas, leur a dit les sentiments de fierté qu'ils ont fait éprouver à leurs anciens maîtres.

M. l'Intendant général Baratier a répondu et remercié au nom de son fils absent.

Enfin le capitaine Gouraud a exprimé son émotion et sa reconnaissance à ses camarades dans une courte allocution, qui a été accueillie par d'enthousiastes applaudissements.

Tous ceux qui ont assisté à cette fête, ainsi que ceux qui s'y sont associés de loin, nous sauront gré, nous n'en doutons pas, d'en fixer le souvenir dans la présente plaquette.

Phot. Pirou. — Paris.

DISCOURS DE M. ALBERT THIÉBLIN

PRÉSIDENT DE L'ASSOCIATION AMICALE

MES CHERS CAMARADES,

Vous n'attendez pas de moi un discours. Il ne serait pas en situation. Mais il est d'usage, à la fin d'une réunion de famille, de porter la santé de celui que l'on veut honorer : à cette aimable et respectable tradition je ne serai point infidèle.

Aussi bien est-ce avec un grand bonheur que je me lève pour souhaiter la bienvenue, au nom de tous, à nos camarades Baratier et Gouraud. N'est-ce point une véritable fête pour notre vieux collège de pouvoir célébrer deux de ses plus dignes

enfants que la gloire vient de caresser de son aile?
Jeunes et vieux, nos cœurs se gonflent de joie et de
fierté à la pensée que ce sont deux fils de Stanislas, ces
deux jeunes hommes qui, au prix de mille fatigues, au
milieu de périls sans nom, sont allés bien loin, en des
régions inexplorées, porter le drapeau de la France.
L'œuvre qu'ils ont accomplie à force de courage, de
patience et de volonté est digne des temps héroïques.

Je ne vous parlerai pas de l'immortelle épopée de
Fachoda! Vous la connaissez tous dans ses moindres
détails. Qu'il me suffise de prononcer le nom du commandant Marchand, dont la longue et glorieuse campagne est inscrite à jamais dans les fastes de notre histoire nationale! Saluons-le avec une respectueuse et
patriotique admiration. Ai-je besoin de rappeler que
Baratier a été pour Marchand un second d'un dévouement à toute épreuve et digne de ce vaillant chef?

Toujours à ses côtés quand il était à la peine, il l'ac-
compagne aujourd'hui à la réception enthousiaste que
lui fait sa ville natale. Marchand a désiré l'avoir avec
lui : Baratier a obéi à ce désir comme à un ordre. Aux
heures du péril, il le suivait avec joie et avec entrain!
Pour la première fois, il l'a fait avec regret, car il lui
fallait renoncer à se trouver ce jour parmi nous. Il l'a
vivement regretté, car il est de l'avis de mon vieux
camarade Gouraud, qui nous disait au banquet du
2 février : « Après les félicitations officielles qui don-
nent la gloire, après les compliments d'usage qui font
plaisir, il y a les félicitations des camarades : celles-là
vont droit au cœur et procurent la joie. »

Baratier m'a chargé de vous transmettre ses regrets.
Voici en quels termes :

MONSIEUR LE PRÉSIDENT,

Forcé par une circonstance imprévue de m'absenter de
Paris, et privé du plaisir de me retrouver parmi tous mes
camarades, je viens vous demander de vouloir bien être auprès d'eux l'interprète de mes regrets sincères.

J'aurais été heureux de pouvoir exprimer à M. le Directeur de Stanislas mes sentiments de reconnaissance, et de
pouvoir reverser sur lui la meilleure part des éloges que j'ai
reçus depuis mon retour en France ; car, je ne puis l'oublier,
c'est à Stanislas que j'ai appris la signification de ces mots :
honneur et devoir ; ces mots qui font des hommes et des
Français.

Je n'ai fait, monsieur le Directeur, que mettre en action les
principes que vous m'avez donnés.

J'aurais été bien heureux aussi de saluer en mes camarades
plus anciens ou contemporains, ceux qui dans toutes les bran-
ches de l'existence travaillent chaque jour pour la France ; et
surtout de saluer en mes camarades plus jeunes ceux qui vont
entrer demain dans la vie, dans la lutte, et dont l'énergie ne
faiblira pas, soutenue par les grands principes qu'ils portent
en eux.

Vous le leur direz, monsieur le Président, et mieux que je
ne pourrais le faire, car vous y joindrez l'autorité de votre
parole et de votre expérience.

Si je suis absent de cette réunion, mon cœur y est cependant présent, et c'est avec lui que je lève mon verre à la santé
du Président de l'Association amicale, à la santé de M. le Directeur de Stanislas ; à la santé de tous mes camarades ; c'est
avec lui que je bois : à la France.

A. BARATIER.

Si notre camarade n'est pas au milieu de nous, il

n'est pas tout à fait absent, puisque son père, que nous sommes heureux de saluer respectueusement, a bien voulu accepter notre invitation. Par ses préceptes et ses exemples, il a formé le cœur généreux de ce soldat sans peur et sans reproche qui résume en lui toutes les qualités de l'officier français. Intendant général Baratier, vous pouvez êtes fier de votre œuvre ! Tous les bons Français vous en remercient.

Et vous, mon cher Gouraud, vous avez accompli comme une chose toute simple de glorieux faits d'armes dont un seul suffirait à illustrer une vie. Comment oser traduire en votre présence les sentiments que nous éprouvons pour vous ? Je l'ai fait et bien facilement dans cette même salle, à l'époque où vous rameniez du Soudan le chef cruel et redouté que votre indomptable énergie et votre folle audace avaient fait tomber dans vos mains. Nous connaissons toutes les péripéties de votre campagne, nous connaissons aussi toutes les conséquences incalculables pour la France de ce glorieux fait d'armes, heureusement accompli grâce à votre courage froid et réfléchi dans l'action, grâce aussi à la confiance inspirée par vous à vos hommes. Vous les enleviez comme vous le vouliez, parce qu'ils savaient pouvoir toujours compter sur vous et qu'ils avaient la certitude d'être par vous menés à la victoire.

Vos prouesses n'ont étonné aucun de vos condisciples, aucun de vos amis. Vous avez été élevé à l'école du devoir par des parents modèles et par des maîtres qui cherchent, avant tout, à faire de leurs élèves des

hommes de dévouement, des patriotes ardents et dés-
intéressés; vous avez au cœur l'amour de la France, et
vous le prouvez par tous vos actes. Vous êtes de la race
de ces braves qui ne se reposent d'un exploit que par
un autre exploit.

Honneur à Baratier; honneur à Gouraud! Vous avez
ajouté une belle page à toutes celles de notre longue
histoire, et le livre n'est pas encore fermé, n'est-ce pas,
mes jeunes camarades des grandes écoles militaires, ou
qui aspirez à y entrer! Vous vous préparez à continuer
ces glorieuses traditions et à vous montrer dignes de
vos aînés.

Et en vous honorant comme vous le méritez, en vous
témoignant notre sympathie et notre affectueuse admiration, nous entendons honorer l'armée tout entière,
qui compte dans son sein un nombre incalculable d'officiers au cœur aussi ardent, au courage aussi désinté-
ressé, au patriotisme aussi pur, et qui le prouveraient,
comme nos deux amis ont su le faire, si l'occasion leur
en était donnée.

Si nous sommes nombreux ici, plus nombreux encore
sont ceux qui ne peuvent être avec nous que par la
pensée, et qui ont tenu cependant à être représentés.
En leur nom, comme au nôtre, nous vous offrons le fra-
ternel souvenir qui vous sera précieux comme l'est un
souvenir de famille.

Acceptez donc, vous, M. Baratier, au nom de votre
fils, et vous, capitaine Gouraud, la statue du *Courage
militaire*, de notre éminent sculpteur Paul Dubois.
Cette œuvre admirable vous convient à un double titre.

3

Elle représente d'une merveilleuse façon la force calme
et le courage invincible qui sont votre apanage. Puis,
l'original orne, dans la cathédrale de Nantes, le tombeau d'un de vos devanciers qui, comme vous, s'illustra
sur la terre d'Afrique : le grand Lamoricière.

Je bois à la santé du capitaine et de l'intendant général Baratier, du capitaine et du docteur Gouraud.

LE COURAGE MILITAIRE

OEuvre de M. Paul Dubois, reproduite d'après l'eau-forte de M. Jacquet.

TOAST

DE M. L'ABBÉ PRUDHAM

DIRECTEUR DU COLLÈGE

Mes chers Camarades,

Au nom des jeunes, de ceux qui sont encore sur les bancs du collège, j'apporte un salut d'admiration et un souhait cordial de bienvenue aux vaillants capitaines Baratier et Gouraud.

Je bénis Dieu qui nous ramène sains et saufs ces héroïques soldats que nous acclamons aujourd'hui.

Le directeur de Stanislas est heureux et fier d'adresser ses bien vives félicitations à nos courageux officiers

TOAST

DE M. L'ABBÉ PRUDHAM

DIRECTEUR DU COLLÈGE

MES CHERS CAMARADES,

Au nom des jeunes, de ceux qui sont encore sur les bancs du collège, j'apporte un salut d'admiration et un souhait cordial de bienvenue aux vaillants capitaines Baratier et Gouraud.

Je bénis Dieu qui nous ramène sains et saufs ces héroïques soldats que nous acclamons aujourd'hui.

Le directeur de Stanislas est heureux et fier d'adresser ses bien vives félicitations à nos courageux officiers qui ont bien mérité de la patrie et de leur collège ; leurs noms désormais historiques brillent au livre d'or de Stanislas.

Je suis sûr d'être votre interprète, mes chers camarades, en offrant également nos respectueuses félicitations à M. le docteur Gouraud et à M. l'Intendant général Baratier : la gloire des fils est aussi celle des pères, c'est l'honneur de la famille.

Enfin, je ne veux pas m'asseoir sans envoyer un salut d'affectueux souvenir aux officiers soudanais, enfants de Stanislas : le commandant de Lartigue et les capitaines Andlauer et Méchet, tous distingués par de beaux faits d'armes ; puis je m'incline respectueusement devant les tombes du capitaine de Planhol, du lieutenant Grivart, des sous-officiers Maressal, de La Noe, Fraigniaud, Carré, morts au champ d'honneur. Je lève mon verre aux soldats coloniaux enfants de Stanislas.

TOAST DE M. TH. LORBER

PROFESSEUR AU COLLÈGE

Mon cher Capitaine,

Les professeurs de Stanislas ont le plaisir de se joindre à vos anciens camarades, pour vous exprimer leur commune admiration et surtout leur affection. J'ai le bonheur de vous connaître et de vous aimer depuis très longtemps; c'est à ce privilège que je dois aujourd'hui de vous adresser quelques mots, à vous et à celui dont nous regrettons l'absence, au nom de mes chers collègues réunis autour de vous.

Nous sommes tous fiers de vous, mon cher ami,

ceux-là surtout qui ont eu l'honneur de vous avoir
pour élève. Et tous ceux qui aiment la France vous
remercient du noble exemple que vous avez donné
aux jeunes qui sont encore dans nos classes. Depuis
les plus petits jusqu'aux plus grands, tous ils ont senti
leur âme frémir au récit de votre exploit; et nous qui
avons assisté à l'explosion spontanée de cet enthousiasme, nous vous devons, mon cher Capitaine, une des
joies les plus pures qu'il soit donné à un professeur
d'éprouver, c'est de sentir battre le cœur généreux de
la jeunesse française. Sans crainte d'être contredit par
personne, j'affirme que tous nos chers élèves brûlent
du désir de vous imiter, chacun dans sa sphère, pour
le plus grand bien de notre chère France. Vous pourrez en juger à l'heure proche ou lointaine où ils auront
l'honneur d'être sous vos ordres. Vous verrez avec quel
enthousiasme ils vous suivront ! Dans nos écoles, on
demande des leçons de choses ! En voilà une, et la
meilleure, je crois, puisque par elle vous entraînez les
jeunes, c'est-à-dire les généreux, à l'action, au sacri-
fice pour la Patrie ! Merci à vous, mon cher Capitaine.

Vous m'en voudriez certainement de ne pas associer
aujourd'hui à vos deux noms ceux de vos anciens camarades de Stanislas, qui se sont aussi distingués en
Afrique : le commandant de Lartigue, le capitaine
Andlauer et le lieutenant Méchet. Vous leur rendiez,
ici même, il y a quelques jours [1], quand vous nous ra-
contiez en termes si modestes votre belle épopée, un

----

1. Séance du 5 mai 1899. *Un an de colonne au Soudan français,* par le
capitaine Gouraud.

souvenir ému, auquel, de tout notre cœur, nous asso-
cions le nôtre.

Je lève donc mon verre en l'honneur

du capitaine Baratier,

du capitaine Gouraud,

et de ceux qui de l'Atlantique au Nil, dans les brousses
et les marigots du Soudan, ont porté si haut le nom de
la France ! Et pour conserver à nos sentiments l'expression consacrée que vous connaissez bien et qui
vous rappelle de lointains mais toujours chers souvenirs, nous reprendrons les mots du vieux refrain de
Saint-Cyr :

Ohé ! vivent les officiers !

ALLOCUTION

DE

M. L'INTENDANT GÉNÉRAL BARATIER

Monsieur le Président,

Je suis véritablement touché et ému des belles paroles que je viens d'entendre, s'adressant à mon fils et à moi. Je remercie toute l'association de la belle pensée qui a motivé cette réunion de famille et, au nom de mon fils, je la remercie du beau souvenir qui lui est offert.

Je représente d'une façon fort insuffisante celui dont je tiens la place et qui, je vous l'assure, serait ici, au milieu de vous, si un devoir réel ne l'avait appelé ailleurs. Par la lettre qui vous a été lue, vous connaissez ses sentiments : ils sont sincères ; j'ai été témoin de ses hésitations entre deux devoirs, dont l'un excluait l'autre.

Aux sentiments qu'il a exprimés j'ajouterai un toast chaleureux en l'honneur de son camarade et ami, de son émule, en l'honneur du capitaine Gouraud, le vainqueur de Samory, que vous fêtez aussi.

Et puis, en terminant, je lèverai mon verre pour la prospérité de ce bel établissement, où directeur et professeurs s'efforcent de former des chrétiens et des Français, et d'où sortent des hommes de devoir et de caractère.

ALLOCUTION

DU CAPITAINE GOURAUD

Monsieur le Président,
Monsieur le Directeur,
Mes chers Camarades,

C'est une grande émotion pour moi de me retrouver dans ce vieux collège où j'ai passé treize années de ma jeunesse, de m'y retrouver au milieu de mes anciens maîtres, au milieu de vieux amis, et avec mon père.

Je regrette bien pourtant l'absence de mon ami Baratier. Mais je comprends et vous comprendrez tous que le commandant Marchand ait tenu à avoir près de lui aujourd'hui à Thoissey son fidèle compagnon d'ar-

mes, qu'après l'avoir vu près de lui si souvent à la
peine, il l'ait voulu aussi près de lui à l'honneur.

Laissez-moi vous remercier en son nom et au mien
de la magnifique œuvre d'art que vous nous offrez. Ce
bronze représente le « Courage militaire ». Ce fut la
vertu des Gaulois nos pères et des Français pendant
des siècles de batailles. L'on ne se bat plus guère aujourd'hui, et cependant jamais sans doute le courage
sous toutes ses formes ne nous a été plus nécessaire.

Mes amis, cette fête emprunte aux événements que
nous traversons un caractère particulier. C'est moins la
fête de deux capitaines, que les circonstances ont mis
en vedette, que la fête de cette armée à laquelle ils
appartiennent, et à laquelle je vous demande de re-
porter l'honneur que vous nous faites.

Sûr d'être votre interprète à tous, je bois donc à
l'Armée française et au collège Stanislas, dont les
enfants seront toujours, quoi qu'il arrive, du côté du
drapeau.

LETTRE DU DOCTEUR GOURAUD

A M. THIÉBLIN

Mon cher Thiéblin,

Le banquet du 18 juin 1899, si bien organisé sous ton amicale inspiration par Delom de Mézerac, fera date dans les archives de mes souvenirs paternels : elle est, en effet, inoubliable, cette fête de Stanislas, et l'acclamation des noms de Baratier et de Gouraud retentira toujours dans mon cœur.

Plus j'avance dans la vie, mon cher Albert, plus je suis sensible aux manifestations de l'amitié. Pour

qu'elle soit vraie et profonde, il faut que l'amitié
compte ses souvenirs : les nôtres remontent un peu
haut peut-être ; mais ne nous en plaignons pas, puis-
qu'il nous reste assez de jeunesse pour en ressentir
la douceur. Sois-en bien convaincu ; après les compliments d'usage qui font plaisir, il n'y a que les
félicitations des camarades qui procurent la joie.

As-tu envoyé à Samory le compte rendu du banquet ? Si tu l'as oublié, fais-lui expédier au Gabon,
en colis postal, cette merveilleuse plaquette : cela
lui fera certainement plaisir d'apprendre que les anciens de Stanislas (et avec quel enthousiasme !) ont
applaudi son vainqueur.

Ce pauvre Almamy, il est en train de devenir légen-
daire : quelle que soit notre fortune, quel que soit
le coin de terre où nous habitons, nous sommes sûrs
de rencontrer quelque Samory ; suivant l'exemple
qu'Henri nous a donné le 29 septembre 1898, ne lais-
sons jamais échapper l'occasion de le prendre.

Bien cordialement comme toujours.

Dr GOURAUD.

MENU
DU
BANQUET
DU
18 JUIN 1899

Crémaillère Henri II

Saumon à la Russe

Filet Bœuf Milanais

Ballottine de Volaille à la gelée

Salade de saison

Petits Pois à la Française

Fruits au Kirsch

Desserts

Chablis, Saint-Julien

Champagne Choiseul

Café-Cognac

SERVI PAR CHARVIN

Passage Choiseul, Paris

LISTE DES ADHÉRENTS

I.— ONT ASSISTÉ AU BANQUET

M. Albert Thiéblin, président de l'Association.

M. l'Abbé Prudham, directeur du Collège.

M. l'Intendant général Baratier.

M. le Capitaine Gouraud.

MM.

Andrade (Raymond).
André (Désiré).
Ariès (Charles).
Armand (Charles).
Astoul (Charles).
Aubert (Victor).
Aubin (Léon).
Auzoux (André).
Baboin (Eugène).
Bailly (Henri).
Bavière (Henry).
Bavière (Pierre).
Beauvoir (Vᵗᵉ Henri de).
Béchard (Alphonse).
Benoist (Henri).
Berniquet (André).
Bertin (Charles).
Biehler (Charles).
Bizouard (Paul).
Bodin (Louis).
Boislisle (Jean de).
Boissière (Frédéric de la).

MM.

Bonneval (Vᵗᵉ Bernard de).
Bosviel (Charles).
Boulard (André).
Boulard (Georges).
Bousquet (Paul).
Brinquant (Paul).
Brumeaux (Henri).
Cabat (Louis).
Cantilo (Joseph de).
Carrière (Albert de la).
Castagnou (Jean).
Castel (André du).
Cazeaux (Louis).
Chaïé-Fontaine (Henri).
Chantérac (Jean de).
Chapelle (Roger de la).
Chapron (Charles).
Chevassu (Maurice).
Chomette (René).
Choquart (Gustave).
Choquart (Léon).
Chauvain (Léon).

5

MM.

CHAUVELOT (Joseph).
CLAUZEL (Bertrand).
CLICQUOT DE MENTQUE (Henri).
CLICQUOT DE MENTQUE (Robert).
CLOÎTRE (René).
COLLIN (Emmanuel).
COLOMBEL (Jean DE).
COMBE (André).
COSTER (Adolphe).
CRÉMERY (André).
CUNY (Maurice).
CYROT (Léon).
DAUSSET (Louis).
DAVID-D'ANGERS (Pierre).
DELACRE (Robert).
DELARUE (Charles)
DELOM DE MÉZERAC (Joseph).
DÉSAUBLIAUX (Albert).
DÉSAUBLIAUX (Jacques).
DÉSAUBLIAUX (Jean).
DESROUSSEAUX (Marcel).
DESRUES (Albert).
DILLET (Camille)
DORUT (Gaston).
DUFAILLY (Jules).
DUFLOS (Jean).
DUMONT (Victor).
DUPONT-FERRIER (Gustave).
DURAND (Henri).
DUVAL-ARNOULD (Louis).
ÉCORCHEVILLE (Paul).
ÉLIE DE BEAUMONT (Félix).
ETCHEVERRY (Louis).

MM.

FERRAND (Jean-Baptiste).
FIOT (Ernest).
FLANDRIN (Louis).
FOURNIER (Paul).
FRANCK (Charles).
FRANÇOIS (Émile).
FRANÇOIS (Lyonel).
FRESSON (René).
FROMENT-MEURICE (François).
GALLOIS (Edme).
GALLOIS (Eugène).
GANEAU (Paul).
GAUDIN (Jean).
GAUSSERÈS (Amédée).
GILLET (Louis).
GOSSET (André).
GOUBAUX (Paul).
GOURAUD (docteur).
GOURAUD (abbé Joseph).
GOURAUD (Pierre).
GOURAUD (Xavier).
GRIMAULT (Gustave).
GUDIN DU PAVILLON (Émile).
GUÉRIN-BOUTRON (Maurice).
GUÉRIN (Louis-Paul).
GUERNY (Vte Léopold DE).
GUILLET (Jules).
GUYOT (Amédée).
HAMEL (Paul).
HAMEL (Augustin)
HANNOTIN (Edmond).
HANSY (Louis DE).
HARO (Henri).

MM.

HARTOG (Gaston).
HARTOG (Charles).
HAVARD (Louis).
HEPP (Achille).
HÉROUVILLE (B⁰ⁿ Félix D').
HERVÉ (Marcel).
HITIÉR (Henri).
HOUDART (Gabriel).
HUA (Henri).
HUGON (Georges).
HUGON (Maurice).
HUMBERT (André).
ISABELLE (Étienne).
ISNARD (Albert).
JAMET (Marcel).
JANVIER DE LA MOTTE (Marcel).
JORAN (Julien).
JORDAN (Pierre).
JOUSSET (Frédéric).
KERGORLAY (Cᵗᵉ Christian DE).
KERGORLAY (Cᵗᵉ Pierre DE).
LABORIER (Antoine).
LACOIN (Gaston).
LACOIN (Maurice).
LACOMBE (Charles DE).
LAIGNOUX (Henri).
LAMBERT (Auguste).
LAMBERTERIE (B⁰ⁿ Paul DE).
LAMBRY (Henri).
LAMOTTE (DE).
LAMY (Marcel).
LANGLADE (Émile).
LAPORTE (André).

MM.

LARDEMELLE (Henri DE).
LAROCHE (Maurice).
LAVERGNE (Joseph).
LE BIDOIS (Georges).
LECARME (Jean).
LECARME (Louis).
LÉCHARNY (Louis).
LECHEVALLIER (Gabriel).
LECLERC (Albert).
LECORNU (Pierre).
LEFÈVRE (Henri).
LEFRANC (Henri).
LEMOINE (Paul).
LEROLLE (Jean).
LHOMER (Théodore),
L'HUILLIER (Robert).
LŒPER (Maurice).
LORBER (Théodore).
LOTZ (Fernand).
LUSSAND (André).
MAGNIEN (René).
MAILLY (Pierre).
MALDAN (Charles).
MARDELLE (Ernest DE LA).
MASSON (Jacques).
MATHÉ (Lucien).
MAUSSION (Robert DE).
MAYET (Maurice).
MAZE-SENCIER (Georges).
MAZOYER (Abel).
MEAUX (baron Charles DE).
MÉLOIZES (Jean DES).
MESSÉAN (Albert).

MM.

MICHEL (Auguste).

MITHOUARD (Adrien).

MONTLAUR (Amaury DE).

MORILLOT (Adrien).

MORIZE (François).

MOTTE (Étienne DE LA).

MOTTE (P. DE LA).

MULLER (abbé Victor).

NALÈCHE (Cᵗᵉ Étienne DE).

NAYVILLE (Paul DE).

NIEL (Adolphe).

NORMAND (Lucien).

NOUE (Vᵗᵉ Pierre DE).

NOVION (François).

OLINET (Hilaire).

ONFROY DE BRÉVILLE.

ORLÉANS ET BRAGANCE (prince
Pierre D').

OUDIN (Édouard).

PANGE (Maurice DE).

PARENT (Maurice).

PARIEU (Joseph DE).

PAUBLAN (Jules).

PAUTONNIER (abbé Adrien).

PÉCOURT (Gaston).

PÉPIN (Charles).

PÉRIER DE LARSAN (Tristan
DU).

PÉRIER (Pierre).

PETIT DE JULLEVILLE (Louis).

PEYRE (Roger).

PIGNEL (Henri).

PLAYOUST (Edmond).

MM.

PONTON D'AMÉCOURT (Vᵗᵉ H. DE).

POUSSIELGUE-RUSAND (Maurice)

RAVIGNAN (baron Gustave DE).

RAYNAUD (Barthélemy).

RAYNAUD (Charles).

RAYNAUD (Jacques).

RÉCAMIER (docteur Joseph).

REILLE (baron Xavier).

REFOULÉ (Yves).

RENÉMESNIL (Gustave DE).

RICHARDOT (Paul).

RIGOLE (Paul).

RIVIÈRE (Maurice).

ROGEZ (Paul).

ROUGEVIN (Henri).

ROULIN (Louis).

ROUX (abbé Charles).

ROYOU (Henri DE).

SAINTE-FOY (Paul DE).

SAINT-OLIVE (Francis DE).

SALIGNAC-FÉNELON (Vᵗᵉ Jean DE)

SALLERON (Jean).

SANDRIER (Lucien).

SANGNIER (Marc).

SAULGEOT (Henri).

SAZERAC DE FORGE (Léonide).

SCHŒPFER (abbé Franç.-Xavier)

SCHWOB (Édouard).

SÉMALLÉ (Vᵗᵉ Robert DE).

SEMICHON (Jean).

SÉMICHON (Georges)

SÈZE (Daniel DE).

SÈZE (Joseph DE).

MM.

SIMON (Paul).
SIMONET (Georges).
SOLDÉ (Anatole).
SORTAIS (Pierre).
SUDRE (Adolphe).
SUDRE (P.-M.).
TASSEL (Paul).
TEIL (baron Joseph DU).
TEIL (baron R. DU).
TEIL DU HAVET (baron DU).
THÉSÉ (Maurice).

MM.

THIBAULT (Charles).
THILLIER (Éphrem).
TIRET (Paul).
TRÉBUCHET (Samuel).
TROLLIET (Em.).
USSEL (Jacques D').
VASSOIGNE (Jean DE).
VENARD (Henri).
VIELLARD (Charles).
VIELLARD (Paul).
VIRLET (Joseph).

II.—ONT SOUSCRIT POUR L'ACHAT DU SOUVENIR

MM.

ABANCOURT (Vte Émile D').
ADAM (Henry).
ADRIEN (Gaston).
ANDLAUER (Joseph).
ANDREZEL (Charles D').
ANDRIEU (Paul).
ANNESLEY (Henri).
ARGELIÈS (Marcel).
ARNOULD (docteur Edmond).
ARNOULD (docteur Louis).
AUBERGÉ (Marcel).
AUBERGÉ (René).
AUBERT (Maurice).
AUBRON (Georges).
AUDIAT (Gabriel).
AVENEL (Raoul).
AVRIL (Frédéric).
AVROUIN (Père Jules).

MM.

BALAŸ (Félix).
BANVILLE (Robert DE).
BAROLET (Élie DE).
BARRY (Charles).
BAUFFREMONT (Théodore DE).
BEAUJARD (Eugène).
BELLET (baron Jean DE).
BENEDETTI (Cte Vincent).
BENOIST (Paul).
BERNARD (Marc).
BICHOT (Auguste).
BICHOT (Henri).
BINOT (Maurice).
BINOT DE VILLIERS (Charles).
BLANCHET (Victor).
BOISSIEU (Victor DE).
BOIS-VIEL (Eugène).
BONDOUX (Gaston).

MM.

BONDU (Hippolyte).
BONNIÈRES DE WIERRE (A. DE).
BONNIÈRES DE WIERRE (R. DE).
BORIES (Jules).
BOURDEL (Ernest).
BOURDON (Hippolyte).
BOUSSON (lieutenant-colonel).
BRESSONNET (Maurice).
BRESSONNET (Pascal).
BRICOUT (Henri).
BRUGNON (Henri).
CAILLET (Henri).
CALVÉ (Jacques).
CÉALIS (Édouard).
CAZEAUX (Pierre).
CHAPRON (Roger).
CHÊNEAU (Ernest).
CHOQUET (Gustave).
CHOULOT (comte DE).
CLAISSE (docteur Paul).
CLÉMENT (Édouard).
CLERMONT-TONNERRE (Louis DE)
COATPONT (Maurice DE).
COLIN DE VERDIÈRE (Jean).
COLLESSON (Maxime).
COLLOMP (Joseph).
COLOMBEL (Charles).
COSSÉ-BRISSAC (Cᵗᵉ DE).
COUËT (Arthur DE).
COURCY (Emmanuel DE).
DAMBIER (Paul).
DAMOUR (André).
DANLOUX (général Alfred).

MM.

DASSE (Édouard).
DAVID (Joseph).
DAVID-SAUVAGEOT (Albert).
DELAPALME (Pierre).
DELEPIERRE (Émile).
DESCAMPS (Maxime).
DOUGOU (Alexandre).
DOUMIC (René).
DROZ (Paul).
DUBOIS (Gustave).
DUBOIS (Stéphane).
DUBOS (Raymond).
DUBOST (Marc).
DUCHESNE (Edmond).
DUCHESNE (Henri).
DUHAMEL (Philippe).
DUHEM (Pierre).
DUJARDIN (Léon).
DUMONT (Michel).
DUMOULIN (Joseph).
DUPUIS (Charles).
DURAND (René).
DURAND (Maurice).
ENCAUSSE (baron Bernard D').
ESCHGER (Henri).
ESCUDIER (Alphonse).
ESCUDIER (Paul).
ESTIEU (Maurice).
FERNIQUE (Louis).
FONTAINE (Raoul DE LA).
FRANQUET (Maurice).
FROC (Tony).
GAILLARD (Henri).

MM.

GALLET (Maurice).
GALLIN (Albert).
GALLOIS (Charles).
GARIEL (Alphonse).
GELBERT (Marcel).
GÉLIOT (Paul).
GEMEAUX (Émile).
GENET (Émile).
GERMAIN (Fernand).
GERMAIN (Léon).
GIRAUDEAU (Albert).
GIVELET (Edmond).
GODEFROY (Eugène).
GODOT (Édouard).
GOSSET (abbé Remy).
GRAND (Émile).
GRANDGEORGE (Emmanuel).
GRANDGEORGE (Paul).
GROSS (Victor).
G'SELL (René).
GUÉRARD (Jacques).
GUILLAUME (Georges).
GUYOT (Pierre).
HALLÉ (docteur Noël).
HALLOT (Eugène).
HANSY (Archange Denis DE).
HAZIER (Raoul DU).
HÉLIARD (Athanase).
HERFORT (Léon).
HERNANDEZ (Emmanuel).
HERRENG (Édouard).
HIÈRES (Paul DES).
HOMBERG (Octave).

MM.

HOUËL (Pierre).
HUE (René).
HUGO (Émile).
ISSAVERDENS (Jean).
JACOB (Alexis).
JOMIER (Gaston).
JONQUIÈRE (Cte Clément DE LA).
JOUARRE (Léon).
JOURDAIN (Henri).
JOZON (Maurice).
JUGE (Pierre).
KAINLIS (baron DE).
KRŒLL (Maurice).
LADRANGE (Henri).
LAMARE (Eugène DE).
LAMBERT (Henri).
LAMBERTYE (comte DE).
LAMY (Pierre).
LANSAC (Arthur DE).
LANZAC DE LABORIE (Stéphen DE).
LAPERCHE (Léon).
LAPORTE (Ernest).
LAURENT (Louis).
LAVOLLÉE (Pierre).
LEAU (Léopold).
LÈBE-GIGUN (Pierre).
LE CLERC (Jules).
LE CLERC (Paul).
LEGAY (Charles).
LEGENDRE (Georges).
LETOURNEUR (Maurice).
LETULLE (André).

MM.

LEVAVASSEUR (Jacques).

LÉVIS (marquis DE).

LIMBOURG (François).

LINZELER (Robert).

LOMBARD (Henri).

MAGNANVILLE (baron DE).

MAGNARD DU VERNAY (Ernest).

MALDAN (René).

MANGINI (Henri).

MARANDAIS (DE LA).

MARIÉ (Georges).

MASQUELIER (Auguste).

MAXE (Saint-Ange).

MAZELIÈRE (marquis DE LA).

MAZE-SENCIER (Henri).

MÉLIN (Fernand).

MELLERIO (Maurice).

MÉLOIZES (Georges DES).

MÉNIOLLE (Charles).

MOLLOT (André).

MONTRICHARD (Amédée DE).

MOREL (Charles).

MORILLOT (Léon).

MOSSEVELDE (Jules VAN).

MOTTE (Jean DE LA).

MURAUD (abbé DU).

NOGUEIRA (Édouard).

NORMIER (Christian).

OLIDA (Alfred).

ORLÉANS ET BRAGANCE (prince Louis D').

PAGÈS DU PORT (Gustave).

PANOUSE (Louis DE LA).

MM.

PAUPELIN (Léonce).

PELLETIER DES CERISIERS (L.).

PELOUX (René DU).

PERRET (Michel).

PERRIER (Pierre).

PERVINQUIÈRE (Abel).

PHILIPPON (Paul).

PIESSE (Constant).

PISSAVY (docteur Alexis).

QUENTIN (Georges).

RAMEL (Fernand DE).

RATEL (Stanislas).

RATHERY (François).

RAYNAUD (Ludovic).

RÉCAMIER (général).

REGNIER (André).

RICHARD (Georges).

ROCHETHULON (Georges DE LA).

ROLLAND (Eugène).

RONSERAY (Maurice DE).

ROUSSEAU (Joseph).

ROUSSEAU (colonel).

ROUX (Paul).

SABATIER (Maurice).

SAINT-HILLIER (Henri DE).

SAINTIGNON (Cᵗᵉ Fernand DE).

SAINT-MICHEL (Ernest DE).

SAUVY (Louis).

SAZERAC DE FORGE (Léonide).

SCHONEN (André DE).

SEGRETAIN (Jacques).

SEILLIÈRE (baron Ernest).

SEILLIÈRE (baron Frédéric).

MM.

SERVE (Maurice DE LA).
SOLÈRE (Cte Henri DE).
SORRÉ (Robert).
SORTAIS (Louis).
SQUÉVILLE (Maurice).
TARGET (Paul).
TEISSIER (Paul).
THIÉBLIN (Louis).
THIL (Raoul).
THIONVILLE (Auguste).
THOMASSIN (Louis).

MM.

THOMASSIN (Jean DE).
THUREAU (André).
THUREAU (Édouard).
THUREAU (Joseph).
TIERNY (Alphonse).
TONNELLIER (Georges).
VALLÉE (Georges).
VALOIS (Charles).
VARANVAL (Fernand DE).
VINCENT (Marcel).
VULPIAN (André).

6

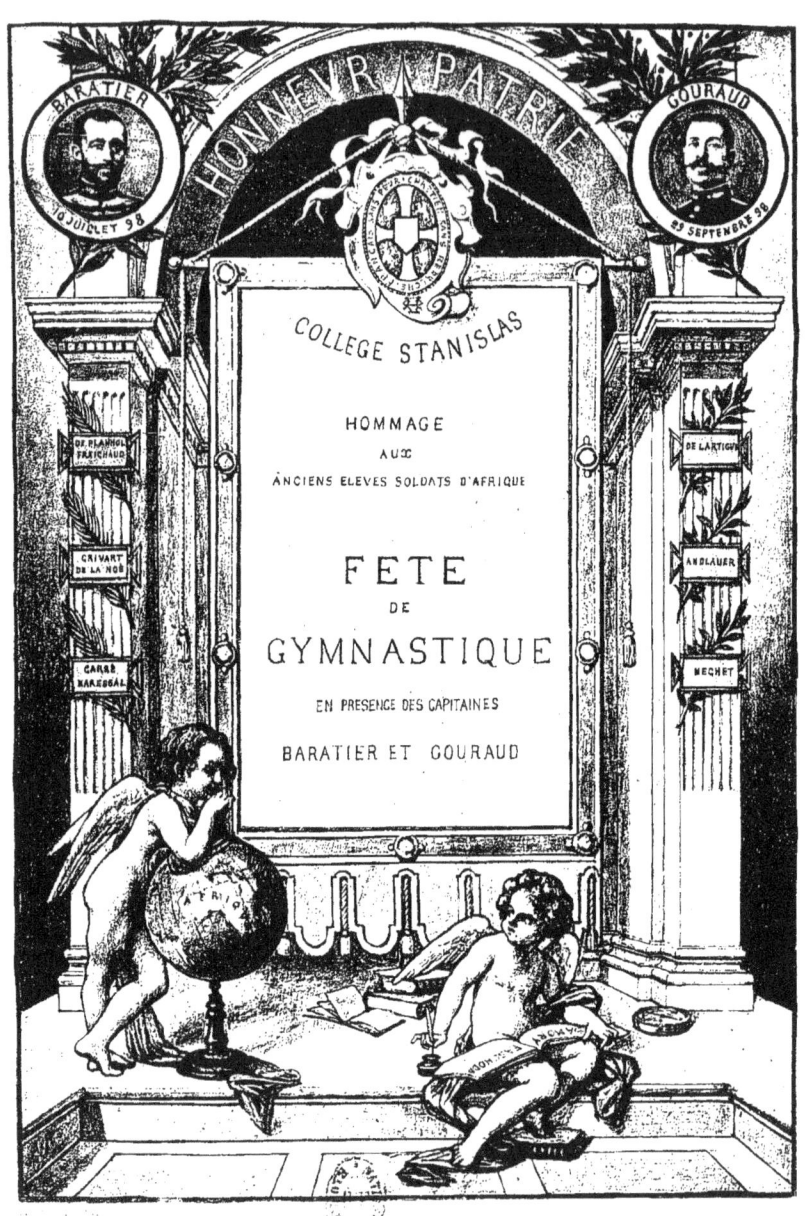

HONNEUR · PATRIE

BARATIER
10 JUILLET 98

GOURAUD
23 SEPTEMBRE 98

COLLEGE STANISLAS

HOMMAGE
AUX
ANCIENS ELEVES SOLDATS D'AFRIQUE

FETE
DE
GYMNASTIQUE

EN PRESENCE DES CAPITAINES

BARATIER ET GOURAUD

NOTICE

Le jour du banquet, nous avions eu à regretter l'absence du capitaine Baratier.

Le dimanche 2 juillet, nous avons eu la joie de le saluer en même temps que le capitaine Gouraud.

M. le Directeur de Stanislas les avait priés l'un et l'autre d'assister à une fête de gymnastique donnée par les élèves du collège et par leurs professeurs.

A la fin de cette très intéressante séance, M. le Directeur a rappelé les hauts faits des deux capitaines, et en même temps a évoqué le souvenir de tous les enfants de Stanislas qui se sont distingués sur la terre africaine.

Au nom de ses camarades, M. Gabriel de Choiseul, élève de la classe de Saint-Cyr, a exprimé aux deux capitaines les sentiments que leurs exploits ont fait éprouver aux élèves actuels du collège, et particulièrement à ceux qui aspirent à devenir officiers.

M. le capitaine Baratier a répondu à M. le Directeur et à M. Gabriel de Choiseul, et son allocution a été à chaque instant interrompue par de chaleureux applaudissements.

Enfin, M. Émile Langlade a lu une poésie composée par lui en l'honneur des capitaines Baratier et Gouraud, et dont la belle et patriotique inspiration a vivement ému toute l'assistance.

DISCOURS DE M. DE CHOISEUL

ÉLÈVE DE LA CLASSE DE SAINT-CYR

CAPITAINES,

Depuis votre retour en France, vous avez entendu déjà bien des souhaits de bienvenue, et des voix éloquentes vous ont dit quels sentiments de légitime orgueil agitaient le cœur de tout Français à la pensée de ce que vous avez accompli. Permettez-nous, à notre tour, de venir joindre notre témoignage d'admiration à tant d'autres.

Quand nous avons appris les exploits que tous connaissent, notre cœur, qui souffrait d'une peine que nous n'avons pas à définir, a été rempli d'une grande et consolante fierté ; car, parmi ces officiers qui ont pu répondre par des actes à des paroles qui blessaient tous les Français sans atteindre l'armée, il s'est trouvé deux de nos grands anciens pour montrer que notre chère armée est restée ce qu'elle a toujours été : une école d'héroïsme et d'honneur !

Les exemples que vous nous avez donnés ne resteront pas stériles. Plus d'un parmi nous, au récit de ce que vous avez fait, a rêvé d'expéditions lointaines, de vie aventureuse dans la brousse du Soudan ou les pays inconnus de l'Afrique centrale ; et tous, nous avons appris de vous à bien servir notre pays. Comme vous, nous voudrons porter haut et ferme le glorieux drapeau qui, un moment, a déroulé ses plis des rivages de l'Atlantique jusque sur les bords du Nil. Comme vous, nous serons les soldats de la France, fidèles à accomplir la tâche proposée malgré les sacrifices de toutes sortes, et, selon la belle parole de l'un d'entre vous, qui a été au cœur de tous ceux qui l'ont connue, « ne demandant pour toute récompense que le sentiment du devoir accompli ».

« Vous nous avez tracé la route à suivre, vous nous avez montré comment il fallait faire : après vous et comme vous, ayant appris ici à être des Français et des chrétiens, nous apprendrons à être de bons et vaillants soldats, fidèles envers et contre tout à la belle devise du Premier Bataillon de France dont vous avez fait partie, et où nous espérons tous arriver un jour : *Honneur et Patrie !*

et consolante fierté; car, parmi ces officiers qui ont pu répondre par des actes à des paroles qui blessaient tous les Français sans atteindre l'armée, il s'est trouvé deux de nos grands anciens pour montrer que notre chère armée est restée ce qu'elle a toujours été : une école d'héroïsme et d'honneur !

Les exemples que vous nous avez donnés ne resteront pas stériles. Plus d'un parmi nous, au récit de ce que vous avez fait, a rêvé d'expéditions lointaines, de vie aventureuse dans la brousse du Soudan ou les pays inconnus de l'Afrique centrale ; et tous, nous avons appris de vous à bien servir notre pays. Comme vous, nous voudrons porter haut et ferme le glorieux drapeau qui, un moment, a déroulé ses plis des rivages de l'Atlantique jusque sur les bords du Nil. Comme vous, nous serons les soldats de la France, fidèles à accomplir la tâche proposée malgré les sacrifices de toutes sortes, et, selon la belle parole de l'un d'entre vous, qui a été au cœur de tous ceux qui l'ont connue, « ne demandant pour toute récompense que le sentiment du devoir accompli ».

Vous nous avez tracé la route à suivre, vous nous avez montré comment il fallait faire : après vous et comme vous, ayant appris ici à être des Français et des chrétiens, nous apprendrons à être de bons et vaillants soldats, fidèles envers et contre tout à la belle devise du Premier Bataillon de France dont vous avez fait partie, et où nous espérons tous arriver un jour : *Honneur et Patrie !*

DISCOURS

DU CAPITAINE BARATIER

Monsieur le Directeur,
Mes chers Amis,

Je ne sais comment vous remercier des paroles que vous m'avez adressées, mais quelque impuissantes que soient les expressions à rendre ma pensée, vous me comprendrez, parce que ce n'est pas avec des mots, c'est avec mon cœur que je vous remercie.

Permettez-moi cependant de protester un peu contre de tels éloges; ce sont vos cœurs de Français qui se sont exagéré nos mérites, car ce que nous avons fait à la Mission, notre devoir, vous le ferez, vous aussi, le jour où la France vous le demandera.

Je ne veux pas vous dire par là que nous n'avons pas rencontré de difficultés, vous ne me croiriez pas; mais les difficultés mêmes ne sont-elles pas le grand attrait de l'œuvre entreprise, le grand stimulant de la vie? On dit qu'à vaincre sans péril on triomphe sans gloire; on peut dire aussi qu'à vaincre sans difficultés on triomphe sans plaisir. L'Énergie, voilà le secret de la réussite.

Soyez des énergiques, vous serez assurés de vaincre, et votre énergie ne faiblira pas; car la force qui soutiendra votre volonté, vous la puiserez dans les grands principes que vous aurez appris ici, vous la puiserez dans la belle devise de Stanislas qui peut se résumer en deux mots : Dieu et Patrie.

Ces deux mots, vous pourrez plus tard les entendre railler par certains; mais à ceux-là, vous leur direz d'aller dans les pays d'où nous revenons, Gouraud et moi; c'est là qu'ils apprendront à connaître le sens et la valeur de ce qu'ils nient. Il faut croire; l'homme ne vaut que s'il croit. Et dans ces cris de « Vive l'armée », dans ces acclamations qui viennent de retentir d'un bout à l'autre du pays, c'était l'âme de la France qui s'exhalait, heureuse de pouvoir affirmer qu'elle croyait à quelque chose; heureuse aussi de pouvoir donner une consolation, l'espérance, à ceux qui revenaient désillusionnés de Fachoda.

L'Énergie vivait, la France croyait; l'espoir nous restait : l'espoir de la revanche, à laquelle un jour vous prendrez peut-être tous part.

Ce jour-là, vous serez prêts à votre tour à faire votre devoir, et vous le ferez, soutenus par les deux mots de votre devise : Dieu et Patrie. C'est alors que vous comprendrez toute la grandeur de ces mots, qui sont des mots pour lesquels on se fait tuer; c'est alors aussi que vous comprendrez toute la reconnaissance que vous devez à ceux qui vous les ont mis si profondément dans le cœur qu'ils y sont gravés à jamais.

MISSION DU CONGO-NIL

PRISE DE SAMORY

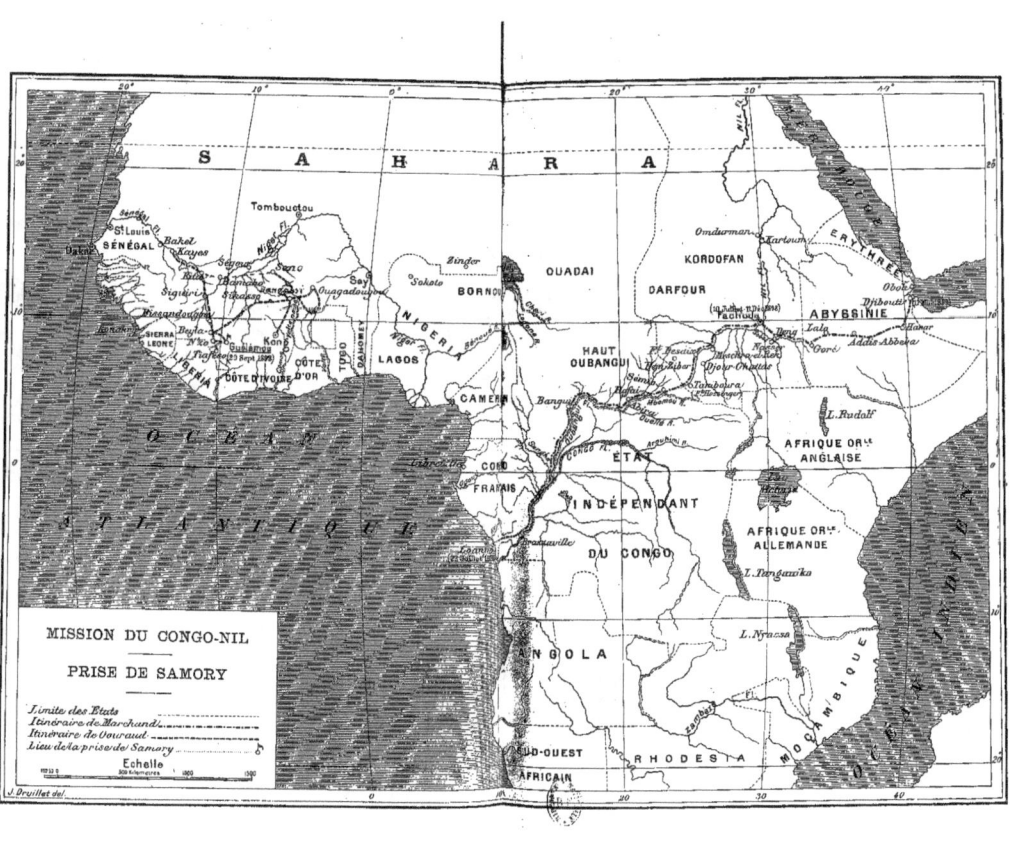

MISSION DU CONGO-NIL

PRISE DE SAMORY

Limite des Etats
Itinéraire de Marchand
Itinéraire de Gouraud
Lieu de la prise de Samory

Echelle

J. Druillet del.

POÉSIE DE M. LANGLADE

Camarades, debout ! Le drapeau
    tricolore
A claqué dans le vent comme aux
    jours d'autrefois ;
La vieille âme française est grande
    et vibre encore
Et n'est point enfermée au tom-
    beau de ses rois.

Qui donc nous a crié l'heure de décadence ?
Quel sacrilège osa souffler sur le flambeau
De l'honneur glorieux dont les soldats de France
    Auréolent son vieux drapeau ?

Salut à vous, venus sur l'espoir en ruines
Refleurir un moment nos orgueils de jadis,

8

Et remuer nos cœurs au fond de nos poitrines !
Les mères, devant vous, ont regardé leurs fils.
Qu'ils soient donc fiers ceux-là qui formèrent vos âmes,
Celles qui vous berçaient, petits, sur leurs genoux,
Et qui rêvaient peut-être, en leurs songes de femmes,
    De grandir la France par vous.

L'Histoire a pris vos noms. Ils sont impérissables.
Égarés dans l'ardeur des routes de soleil,
Des marigots boueux aux bois inextricables,
Dans des mers de bambous, incertains du réveil
En ce continent noir, jaloux de son mystère,
Qui se fermait sur vous, à chacun de vos pas,
Soldats, vous avez su graver sur cette terre
    Des noms qu'on n'effacera pas.

Ils resteront au cœur de l'Afrique sauvage,
Salués, après nous, des peuples de demain :
Vous, pour avoir brisé l'étreinte d'un servage
Qui courbait les fronts lourds sous un sceptre inhumain ;
Vous, pour avoir porté, de la plage lointaine,
Où l'Atlantique bat ses éternels flots bleus,
De notre cher pays la bannière hautaine
    Vers d'autres lointains fabuleux.

Oui, votre gloire ira, par les grands déserts glabres,
Jusqu'au plus pauvre Krâl dans les vals ignorés
Où les chefs parleront, réunis aux palabres,
De cette caravane errant sous les fourrés,
Dans la brousse traîtresse et mortelle où des ombres,

Silencieusement, épiaient, et des yeux,
Du désir affamé de leurs prunelles sombres
　　Vous poursuivaient, mystérieux,

Quand, près de vous, guettait la menace constante
De l'Afrique rampant au travers des palmiers,
Et l'effroyable gueule ouverte et haletante,
Hurlant l'appel de mort, des fauves carnassiers ;
Lorsque, dans leur soupçon, les peuplades hostiles,
Qu'irritait la frayeur des hommes inconnus,
Glissaient, dans l'herbe épaisse, ainsi que des reptiles,
　　Le bronze de leurs torses nus.

Mais, vous alliez toujours, le front haut, l'âme haute,
Malgré la lutte et les périls insoupçonnés,
Malgré le but lointain, ce mirage : la côte,
Qui semblait reculer sous vos pas obstinés ;
Vous alliez jusqu'au cœur de la terre africaine,
En sacrifiant tout à l'honneur du drapeau.
Salut à ceux de vous qui furent à la peine,
　　Et qui n'ont eu que le tombeau !

Vous, nous vous accueillons d'une voix délirante,
Et nos cœurs sont mêlés dans des remous d'espoir,
Pour nous avoir montré l'image étincelante
De la patrie en joie au milieu du ciel noir,
De la patrie ayant repris sa confiance
En tout ce qui fut grand, en tout ce qui fut beau,
Et qui retrouve en vous de dignes fils de France,
　　L'orgueil sacré de son drapeau.

Salut! honneur à tous! Merci d'un peu de gloire;
Merci pour tout l'orgueil de notre cœur meurtri;
Merci d'avoir tracé ces deux pages d'histoire,
Et rendu de la sève au vieux laurier flétri.
Que n'avons-nous, hélas! une âme encor plus grande
Pour chanter encor mieux votre idéal sacré!
Que n'avons-nous, pour vous, une plus belle offrande
    Que le chant d'un luth ignoré!

TABLE

DES CHAPITRES ET DES ILLUSTRATIONS

BANQUET DU 18 JUIN 1899

FÊTE DE GYMNASTIQUE DU 2 JUILLET 1899

FIN

DUMOULIN ET Cᴵᴱ
AGE-QUOD-AGIS
RUE DES-GRANDS AUGUSTINS .5
IMPRIMEURS
PARIS   PARIS

www.ingramcontent.com/pod-product-compliance
Lightning Source LLC
Chambersburg PA
CBHW060459260626
47161CB00005B/2169